AF221981

Impressum
Verlag: BABADADA GmbH, Nedderfeld 112 , 22529 Hamburg
Geschäftsführer / Verlagsleitung: Harald Hof
Druck: Books on Demand GmbH, In de Tarpen 42, 22848 Norderstedt

Imprint
Publisher: BABADADA GmbH, Nedderfeld 112 , 22529 Hamburg, Germany
Managing Director / Publishing direction: Harald Hof
Print: Books on Demand GmbH, In de Tarpen 42, 22848 Norderstedt, Germany

kool

škola

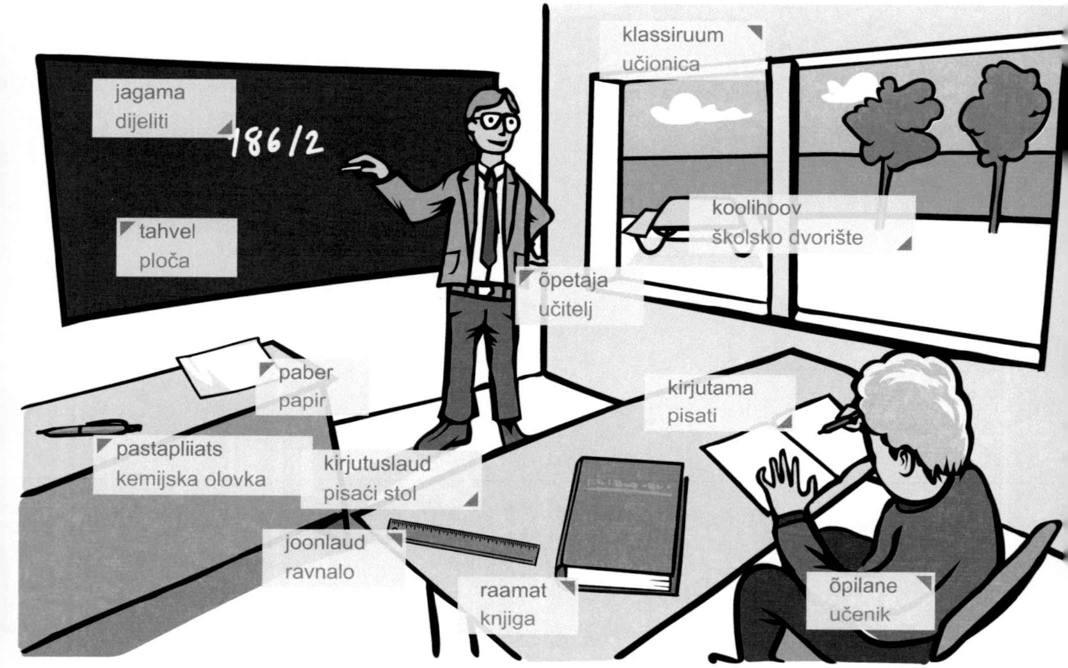
klassiruum
učionica
jagama
dijeliti
186/2
tahvel
ploča
koolihoov
školsko dvorište
õpetaja
učitelj
paber
papir
kirjutama
pisati
pastapliiats
kemijska olovka
kirjutuslaud
pisaći stol
joonlaud
ravnalo
raamat
knjiga
õpilane
učenik

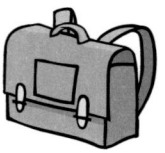

koolikott

torba

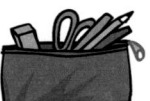

pinal

pernica

harilik pliiats

grafitna olovka

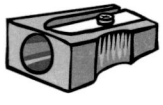

pliiatsiteritaja

šiljilo za olovke

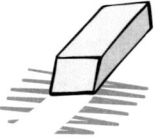

kustukumm

gumica za brisanje

joonistusplokk

blok za crtanje

joonistus

crtež

pintsel

kist

värvikarp

kutija s bojama

käärid

makaze

liim

ljepilo

töövihik

bilježnica

kodutöö

domaći zadatak

number

broj

liitma

sabirati

lahutama

oduzimati

korrutama

množiti

arvutama

računati

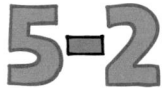

täht

slovo

tähestik

abeceda

sõna

riječ

tekst
tekst

lugema
čitati

kriit
kreda

koolitund
sat

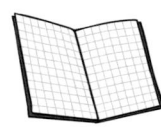

klassipäevik
dnevnik

eksam
ispit

tunnistus
svjedodžba

koolivorm
školska uniforma

haridus
obrazovanje

entsüklopeedia
leksikon

ülikool
sveučilište

mikroskoop
mikroskop

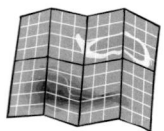

kaart
karta

paberikorv
košara za papir

reisimine
putovanje

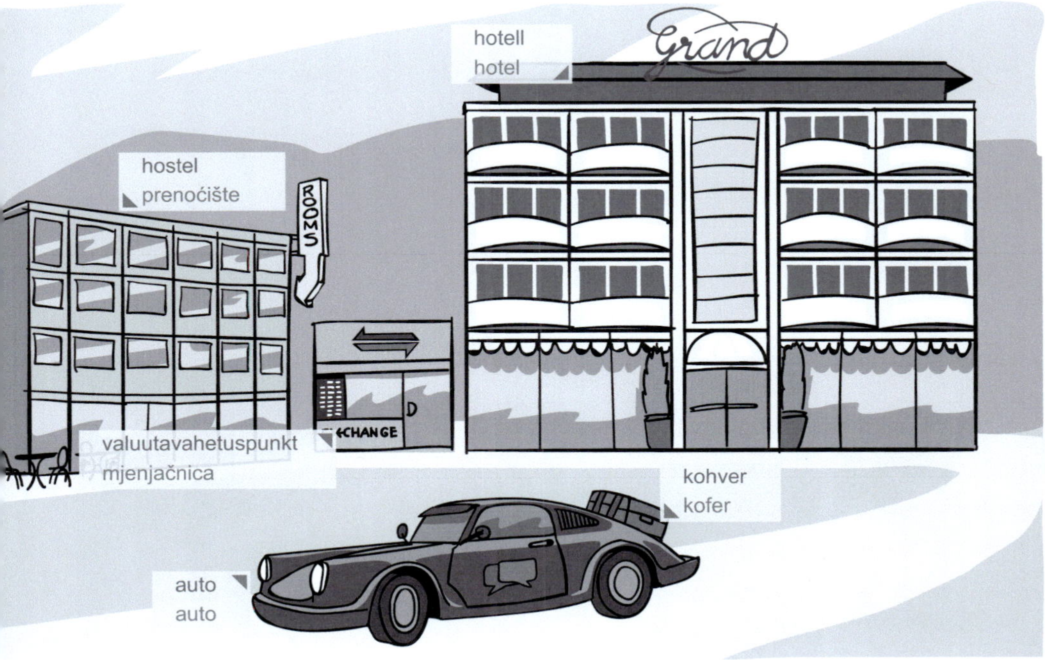

hotell
hotel
Grand
hostel
prenoćište
ROOMS
EXCHANGE
valuutavahetuspunkt
mjenjačnica
kohver
kofer
auto
auto

keel

jezik

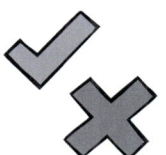

jah / ei

da / ne

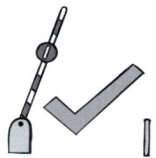

okei

okay

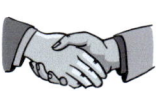

Tere!

zdravo

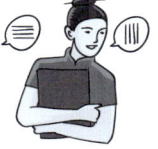

tõlk

prevoditelj

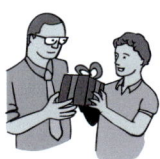

Aitäh!

hvala

Kui palju maksab …?

Koliko košta...?

Ma ei saa aru

ne razumijem

probleem

problem

Tere õhtust!

dobro veče!

Tere hommikust!

Dobro jutro!

Head ööd!

Laku noć!

Head aega!

doviđenja

suund

smjer

pagas

prtljaga

kott

torba

seljakott

ruksak

külaline

gost

tuba

soba

magamiskott

vreća za spavanje

telk

šator

turismiinfo

turističke informacije

rand

plaža

krediitkaart

kreditna kartica

hommikusöök

doručak

lõunasöök

ručak

õhtusöök

večera

pilet

karta za vožnju

lift

dizalo

postmark

poštanska markica

riigipiir

granica

toll

carina

saatkond

ambasada

viisa

viza

pass

putovnica

transport

transport

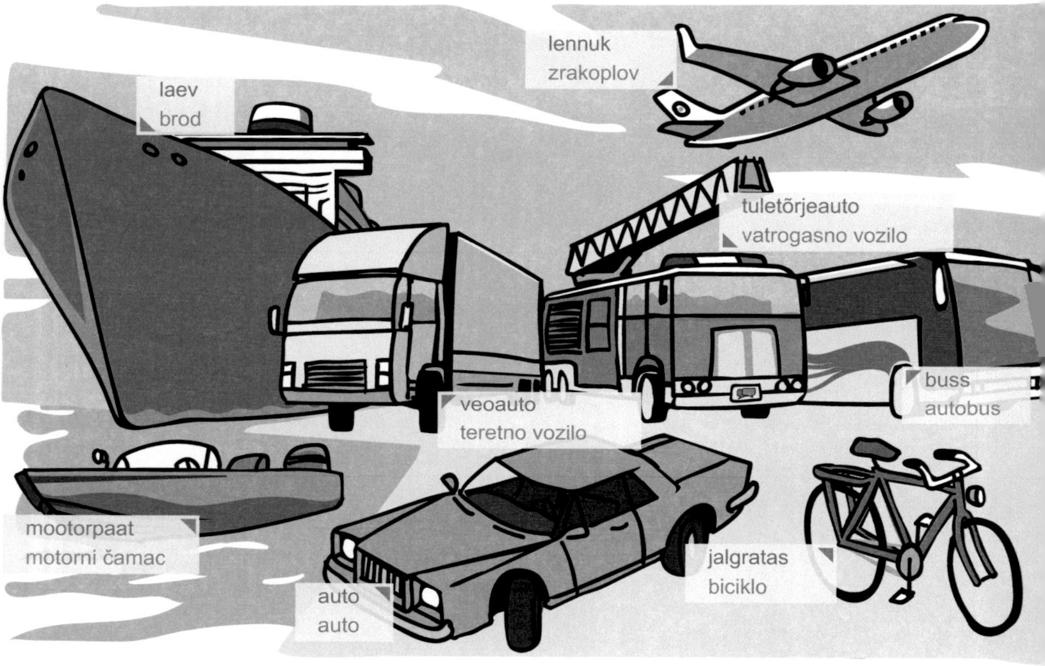
lennuk
zrakoplov
laev
brod
tuletõrjeauto
vatrogasno vozilo
buss
autobus
veoauto
teretno vozilo
mootorpaat
motorni čamac
jalgratas
biciklo
auto
auto

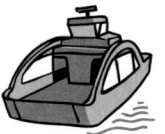

praam

trajekt

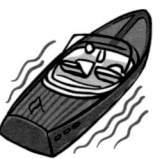

paat

čamac

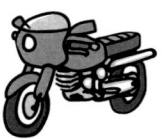

mootorratas

motocikl

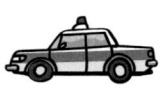

politseiauto

policijski auto

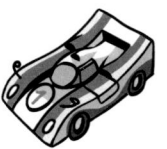

võidusõiduauto

trkaći auto

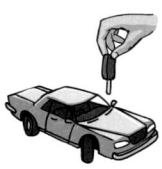

rendiauto

iznajmljeno auto

ühisauto

dijeljenje automobila

puksiirauto

vučno vozilo

prügiauto

vozilo za odvoz smeća

mootor

motor

kütus

benzin

tankla

benzinska postaja

liiklusmärk

prometni znak

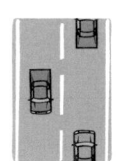

liiklus

promet

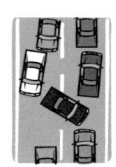

liiklusummik

zastoj

parkla

parkiralište

raudteejaam

kolodvor

rööpad

šine

rong

vlak

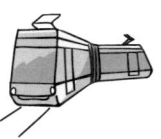

tramm

tramvaj

vagun

vagon

helikopter
helikopter

lennujaam
zrakoplovna luka

torn
toranj

reisija
putnik

konteiner
kontejner

pappkast
karton

käru
kolica

korv
košara

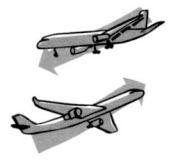

õhku tõusma / maanduma
uzletjeti / sletjeti

linn
grad

küla
selo

kesklinn
centar grada

maja
kuća

CINEMA

kino / kino

reklaam / reklama

tänavalatern / ulična svjetiljka

tänav / ulica

takso / taksi

jalakäija / pješak

kiosk / kiosk

kõnnitee / nogostup

ristmik / križanje

ülekäigurada / pješački prijelaz

valgusfoor / semafor

prügikonteiner / kontejner za otpad

osmik

koliba

kortermaja

stan

raudteejaam

kolodvor

raekoda

vijećnica

muuseum

muzej

kool

škola

ülikool

sveučilište

pank

banka

haigla

bolnica

hotell

hotel

apteek

ljekarna

kontor

ured

raamatupood

knjižara

kauplus

prodavaonica

lillepood

cvjećara

supermarket

supermarket

turg

trg

kaubamaja

robna kuća

kalapood

ribarnica

kaubanduskeskus

trgovački centar

sadam

luka

park
park

pink
klupa

sild
most

trepp
stepenice

metroo
podzemna željeznica

tunnel
tunel

bussipeatus
autobusna stanica

baar
bar

restoran
restoran

postkast
poštansko sanduče

tänavasilt
ulični znak

parkimisautomaat
parkirni sat

loomaaed
zoološki vrt

ujula
bazen

mošee
džamija

talu
seosko gazdinstvo

reostus
zagađenje okoliša

surnuaed
groblje

kirik
crkva

mänguväljak
igralište

tempel
hram

maastik
krajolik

leht
list

teeviit
putokaz

tee
put

aas
livada

kivi
kamen

puu
drvo

matkaja
šetač

jõgi
rijeka

rohi
trava

lill
cvijet

org
....
dolina

mägi
....
planina

järv
....
jezero

mets
....
šuma

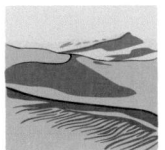

kõrb
....
pustinja

vulkaan
....
vulkan

linnus
....
dvorac

vikerkaar
....
duga

seen
....
gljiva

palm
....
palma

sääsk
....
moskito

kärbes
....
muha

sipelgas
....
mrav

mesilane
....
pčela

ämblik
....
pauk

mardikas

buba

konn

žaba

orav

vjeverica

siil

jež

jänes

zec

öökull

sova

lind

ptica

luik

labud

metssiga

divlja svinja

hirv

jelen

põder

los

pais

nasip

tuuleturbiin

vjetrenjača

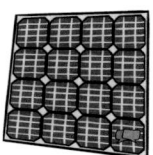

päikesepaneel

solarna ploča

kliima

klima

restoran
restoran

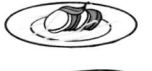

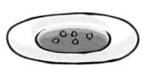

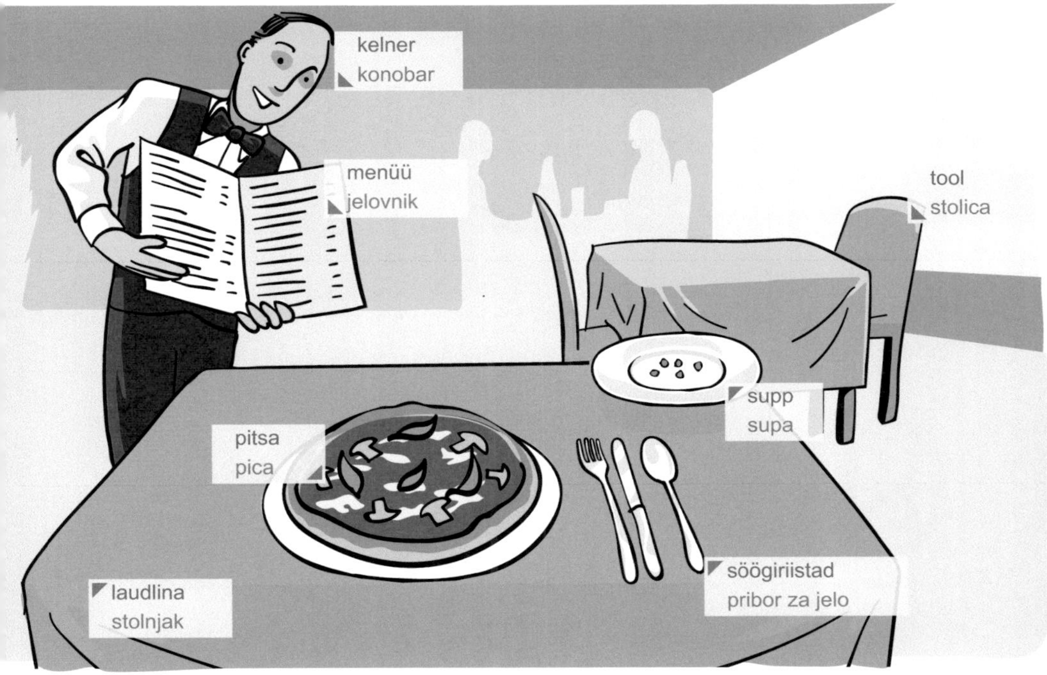
kelner
konobar
menüü
jelovnik
tool
stolica
supp
supa
pitsa
pica
söögiriistad
pribor za jelo
laudlina
stolnjak

eelroog

predjelo

pearoog

glavno jelo

magustoit

desert

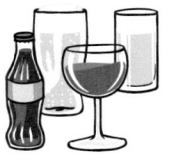

joogid

napitci

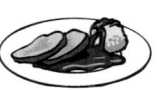

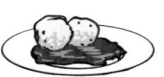

toit

jelo

pudel

boca

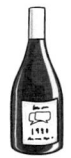

kiirtoit

fastfood

tänavatoit

imbis hrana

teekann

čajnik

suhkrutoos

doza za šećer

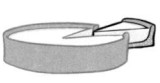

portsjon

porcija

espressomasin

aparat za espresso

lastetool

visoka stolica

arve

račun

kandik

pladanj

nuga

nož

kahvel

vilica

lusikas

žlica

teelusikas

čajna žlica

salvrätik

ubrus

klaas

čaša

taldrik
tanjur

supitaldrik
tanjur za supu

alustass
tanjurić

kaste
sos

soolatoos
soljenka

pipraveski
mlin za biber

äädikas
ocat

õli
ulje

vürtsid
začini

ketšup
kečap

sinep
senf

majonees
majoneza

supermarket
supermarket

eripakkumine
ponuda
FOR
klient
kupac
piimatooted
mliječni proizvodi
puuviljad
voće
ostukäru
kolica za kupnju

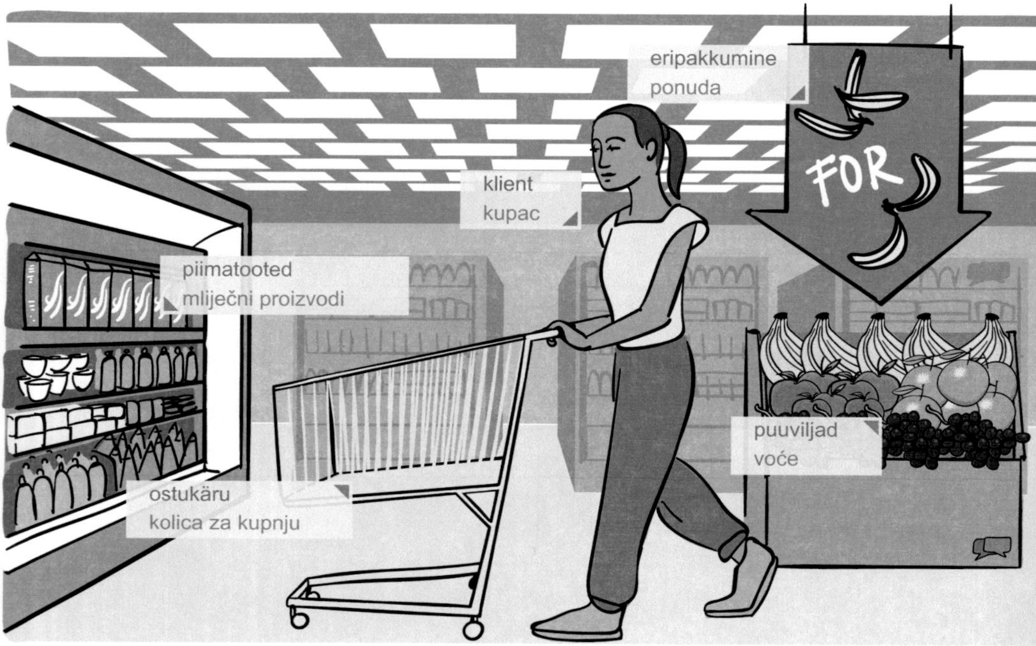

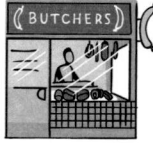

BUTCHERS
lihapood

mesnica

BAKERY
pagariäri

pekarnica

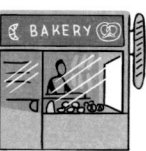

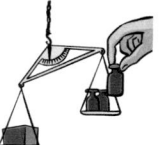

kaaluma

vagati

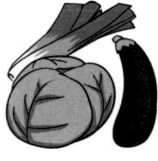

köögiviljad

povrće

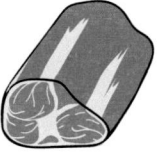

liha

meso

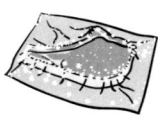

külmutatud toit

duboko smrznuta hrana

lihalõigud
narezak

konservid
konzerve

pesupulber
sredstvo za pranje

maiustused
slatkiši

majatarbed
artikli za domaćinstvo

puhastustooted
sredstva za čišćenje

müüja
prodavačica

kassaaparaat
blagajna

kassapidaja
blagajnik

ostunimekiri
lista za kupnju

lahtiolekuajad
vrijeme rada

rahakott
novčanik

krediitkaart
kreditna kartica

kott
torba

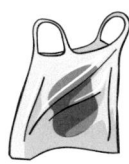

kilekott
plastična vrećica

joogid
napitci

vesi
voda

mahl
sok

piim
mlijeko

koola
cola

vein
vino

õlu
pivo

alkohol
alkohol

kakao
kakao

tee
čaj

kohv
kava

espresso
espresso

cappuccino
cappuccino

banaan

banana

õun

jabuka

apelsin

naranča

arbuus

lubenica

sidrun

limun

porgand

mrkva

küüslauk

češnjak

bambus

bambus

sibul

luk

seen

gljiva

pähklid

orašasti plodovi

nuudlid

rezanci

spagetid

špagete

riis

riža

salat

salata

friikartulid

pomfrit

praekartulid

pečeni krumpir

pitsa

pica

hamburger

hamburger

võileib

sendvič

šnitsel

šnicla

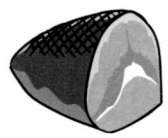

sink

pršut

salaami

salama

vorst

kobasica

kana

kokoš

praeliha

pečenje

kala

riba

kaerahelbed

zobene pahuljice

müsli

musli

maisihelbed

kukuruzne pahuljice

jahu

brašno

sarvesai

roščić

kukkel

pecivo

leib

kruh

röstsai

toast

küpsised

keksi

või

maslac

kohupiim

svježi sir

kook

kolač

muna

jaje

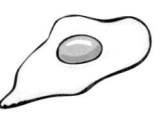

praemuna

jaje na oko

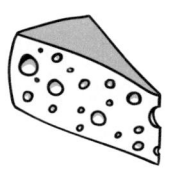

juust

sir

jäätis

sladoled

suhkur

šećer

mesi

med

moos

marmelada

pähklivõie

nugat krema

karri

curry

talu

seosko gazdinstvo

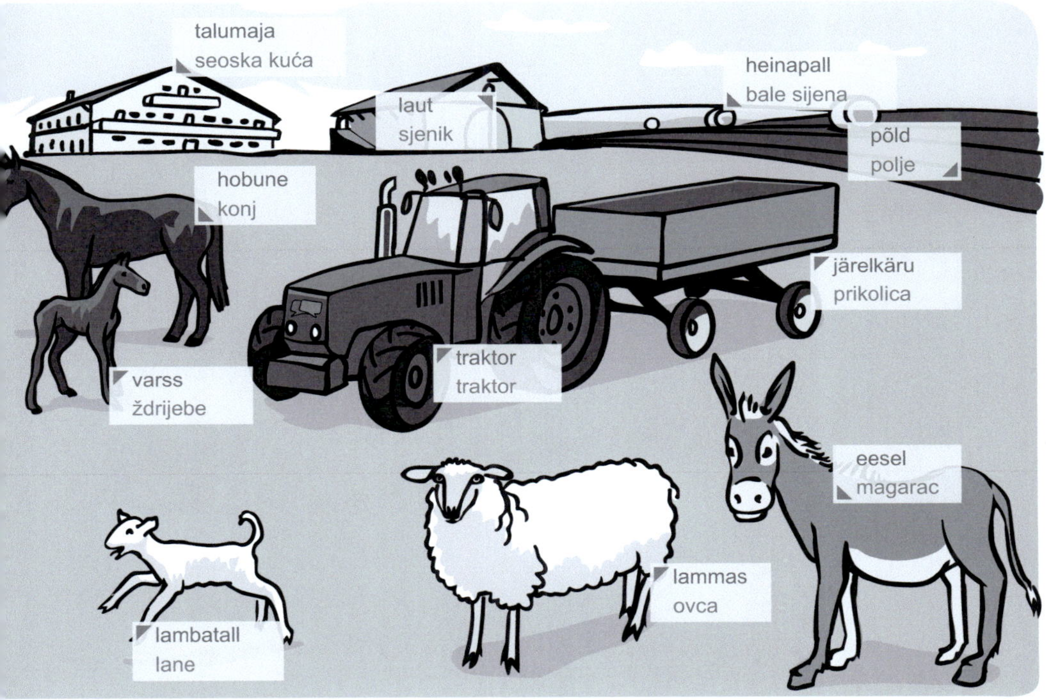
talumaja
seoska kuća
laut
sjenik
heinapall
bale sijena
põld
polje
hobune
konj
järelkäru
prikolica
traktor
traktor
varss
ždrijebe
eesel
magarac
lammas
ovca
lambatall
lane

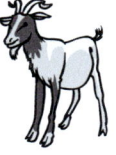

kits

koza

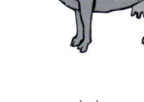

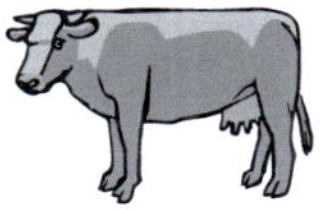
lehm

krava

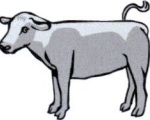

vasikas

tele

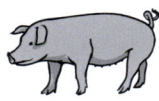

siga

svinja

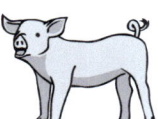

põrsas

prase

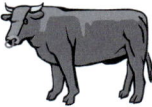

pull

bik

hani
guska

part
patka

tibu
pilići

kana
kokoš

kukk
pijetao

rott
pacov

kass
mačka

hiir
miš

härg
vol

koer
pas

koerakuut
kućica za psa

aiavoolik
vrtno crijevo

kastekann
kanta za polijevanje

vikat
kosa

ader
plug

talu - seosko gazdinstvo

sirp
srp

kõblas
motika

hang
vilica za gnojivo

kirves
sjekira

käru
tačke

küna
korito

piimanõu
posuda za mlijeko

kott
vreća

tara
ograda

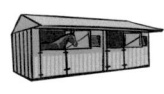

tall
štala

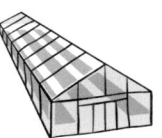

kasvuhoone
staklenik

muld
zemlja

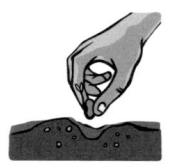

seeme
sjeme

väetis
gnojivo

kombain
kombajn

saaki koristama

žanjati

saagikoristus

žetva

jamss

yams začin

nisu

pšenica

soja

soja

kartul

krumpir

mais

kukuruz

raps

uljana repica

viljapuu

voćka

maniokk

gomolj manioke

teravili

žitarice

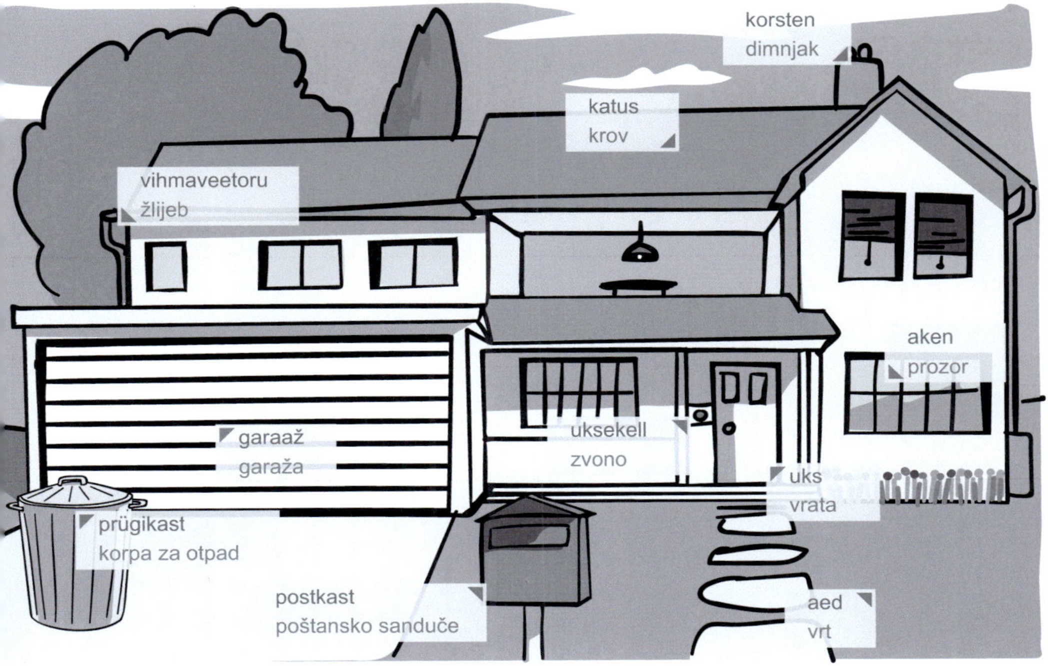

korsten
dimnjak

katus
krov

vihmaveetoru
žlijeb

aken
prozor

garaaž
garaža

uksekell
zvono

uks
vrata

prügikast
korpa za otpad

postkast
poštansko sanduče

aed
vrt

elutuba

dnevna soba

vannituba

kupaonica

köök

kuhinja

magamistuba

spavaća soba

lastetuba

dječija soba

söögituba

trpezarija

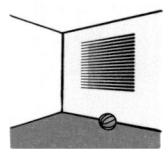

põrand
pod

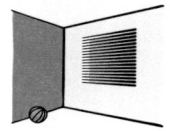

sein
zid

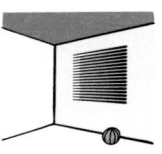

lagi
strop

kelder
podrum

saun
sauna

rõdu
balkon

terrass
terasa

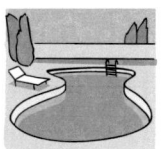

bassein
bazen

muruniiduk
kosilica za travu

voodilina
posteljina za krevet

päevatekk
deka za krevet

voodi
krevet

luud
metla

ämber
kanta

lüliti
sklopka

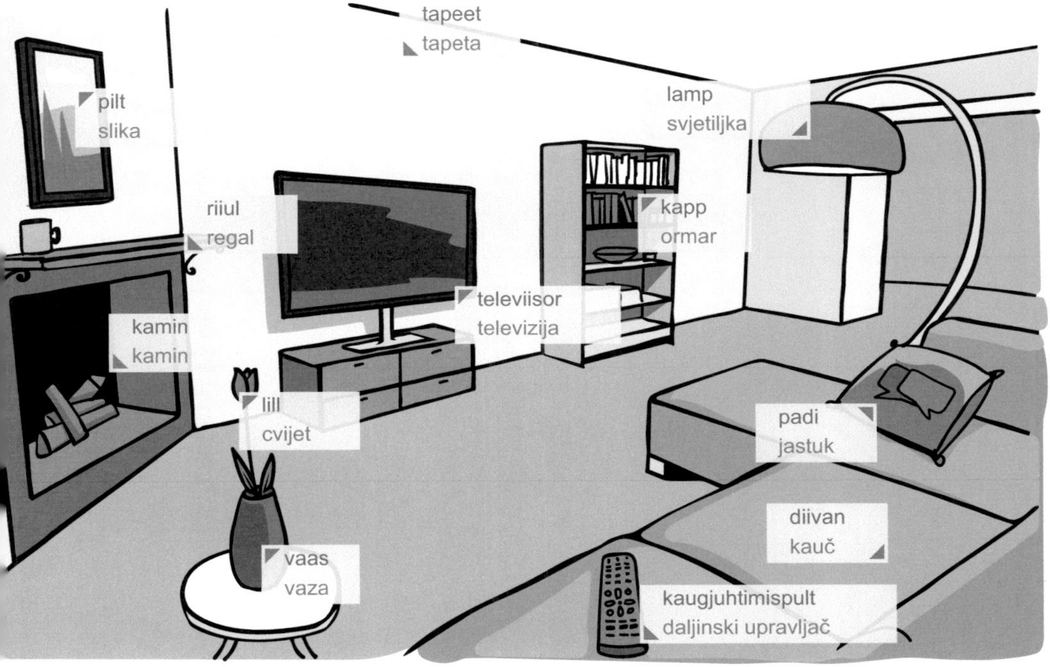

tapeet
tapeta

pilt
slika

lamp
svjetiljka

riiul
regal

kapp
ormar

televiisor
televizija

kamin
kamin

lill
cvijet

padi
jastuk

diivan
kauč

vaas
vaza

kaugjuhtimispult
daljinski upravljač

vaip

tepih

kardin

zavjesa

laud

stol

tool

stolica

kiiktool

stolica za njihanje

tugitool

fotelja

raamat

knjiga

tekk

deka

kaunistus

dekoracija

küttepuud

drvo za ogrjev

film

film

helisüsteem

stereo uređaj

võti

ključ

ajaleht

novine

maal

slika na platnu

plakat

poster

raadio

radio

märkmik

blok za pisanje

tolmuimeja

usisavač

kaktus

kaktus

küünal

svijeća

köök
kuhinja

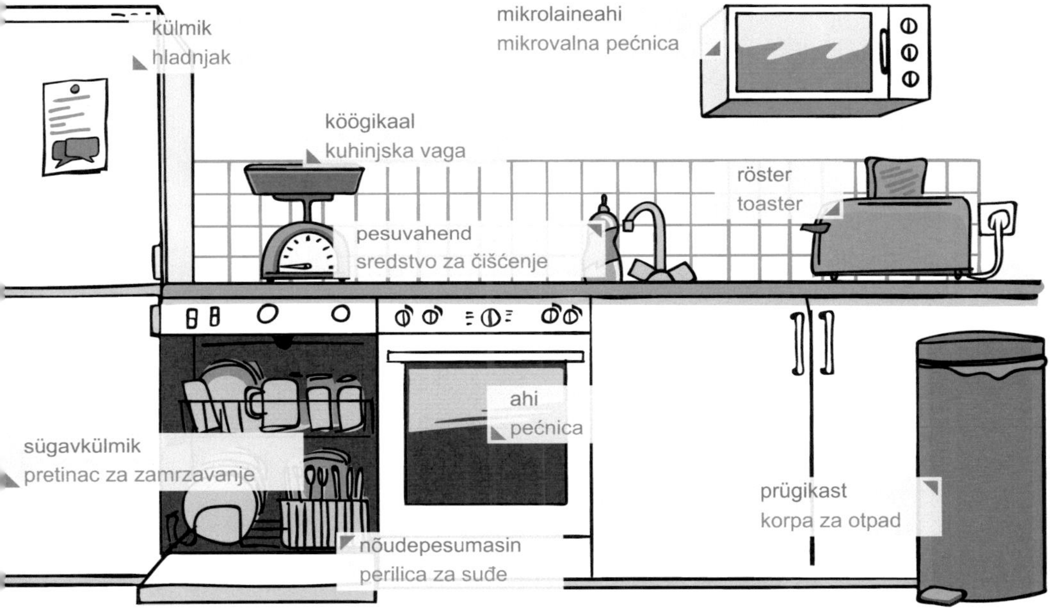
külmik
hladnjak
mikrolaineahi
mikrovalna pećnica
köögikaal
kuhinjska vaga
röster
toaster
pesuvahend
sredstvo za čišćenje
ahi
pećnica
sügavkülmik
pretinac za zamrzavanje
prügikast
korpa za otpad
nõudepesumasin
perilica za suđe

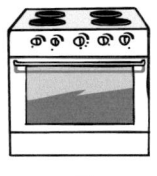

pliit

štednjak

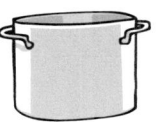

pott

lonac

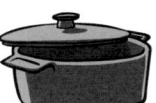

malmpott

željezni lonac

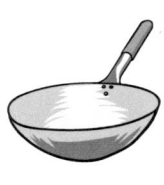

vokkpann

wok / kadai

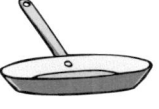

pann

tava

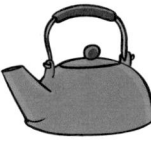

veekeetja

kuhalo za vodu

aurutaja

kuhalo na paru

küpsetusplaat

lim za pečenje

lauanõud

posuđe

kruus

čaša

kauss

zdjela

söögipulgad

štapići za jelo

kulp

kutljača

pannilabidas

lopatica

vispel

pjenjača

kurn

sito za kuhanje

sõel

sito

riiv

ribež

uhmer

mužar

grill

roštilj

lahtine tuli

ognjište

lõikelaud

daska

tainarull

oklagija

korgitser

vadičep

konservipurk

konzerva

konserviavaja

otvarač konzervi

pajakinnas

krpa za lonac

kraanikauss

sudoper

hari

četka

pesukäsn

spužva

kannmikser

mikser

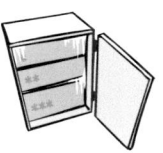

sügavkülmuti

zamrzivač

lutipudel

bočica za bebe

segisti

slavina za vodu

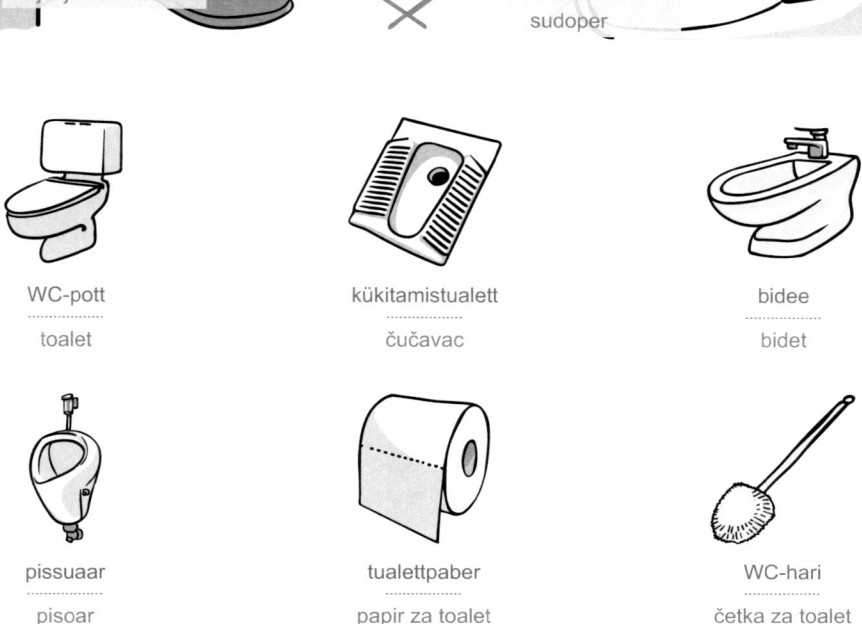

vannituba
kupaonica

küte
grijanje
käterätik
ručnik
dušš
tuš
dušikardin
zavjesa za tuš
mullivann
pjenušava kupka
vann
kada
klaas
čaša
pesumasin
perilica za rublje
segisti
slavina za vodu
plaadid
pločice
pissipott
dječja kahlica
kraanikauss
sudoper

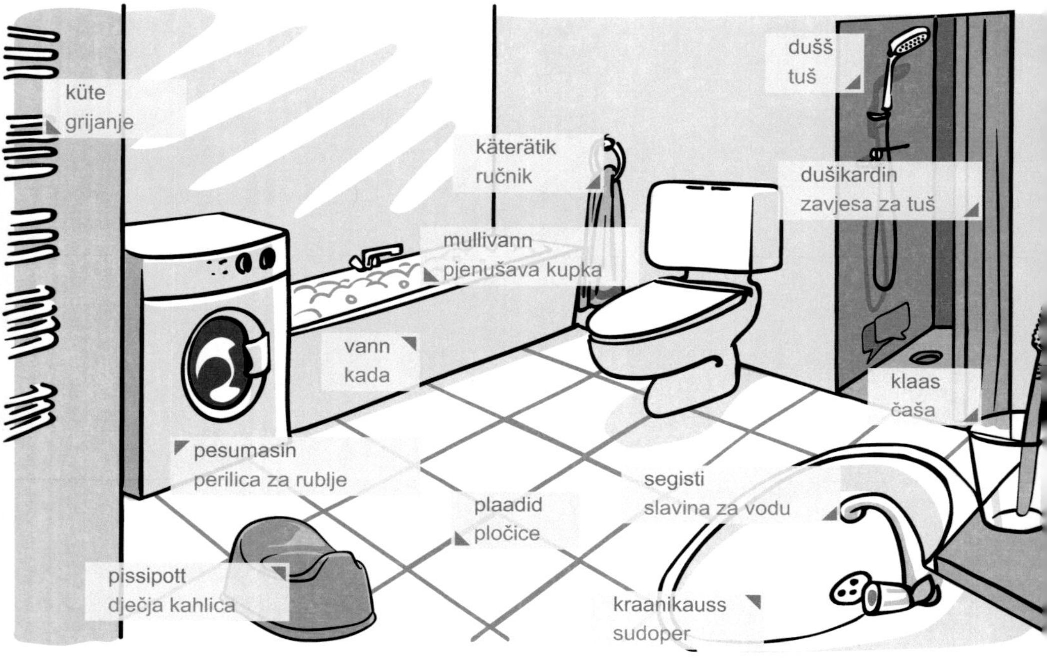

WC-pott

toalet

kükitamistualett

čučavac

bidee

bidet

pissuaar

pisoar

tualettpaber

papir za toalet

WC-hari

četka za toalet

hambahari

četkica za zube

hambapasta

pasta za zube

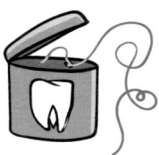

hambaniit

konac za zube

pesema

prati

käsidušš

tuš ručica

intiimdušš

tuš za pranje intimnih
dijelova

pesukauss

lavor

seljahari

četka za pranje leđa

seep

sapun

dušigeel

gel za tuširanje

šampoon

šampon

vamm

krpa za pranje

äravool

odvod

kreem

krema

deodorant

dezodorans

peegel

ogledalo

käsipeegel

kozmetičko ogledalo

habemenuga

brijač

raseerimisvaht

pjena za brijanje

habemevesi

losion za poslije brijanja

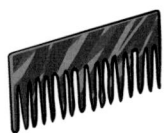

kamm

češalj

hari

četka

föön

sušilo za kosu

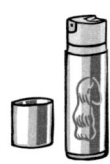

juukselakk

sprej za kosu

meigikomplekt

makeup

huulepulk

ruž za usne

küünelakk

lak za nokte

vatt

vata

küünekäärid

škare za nokte

parfüüm

parfem

tualett-tarvete kott
neseser

taburet
stolica

kaal
vaga

hommikumantel
ogrtač

kummikindad
rukavice za čišćenje

tampoon
tampon

hügieeniside
uložak

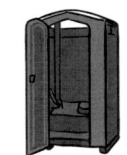

keemiline tualett
kemijski toalet

lastetuba

dječija soba

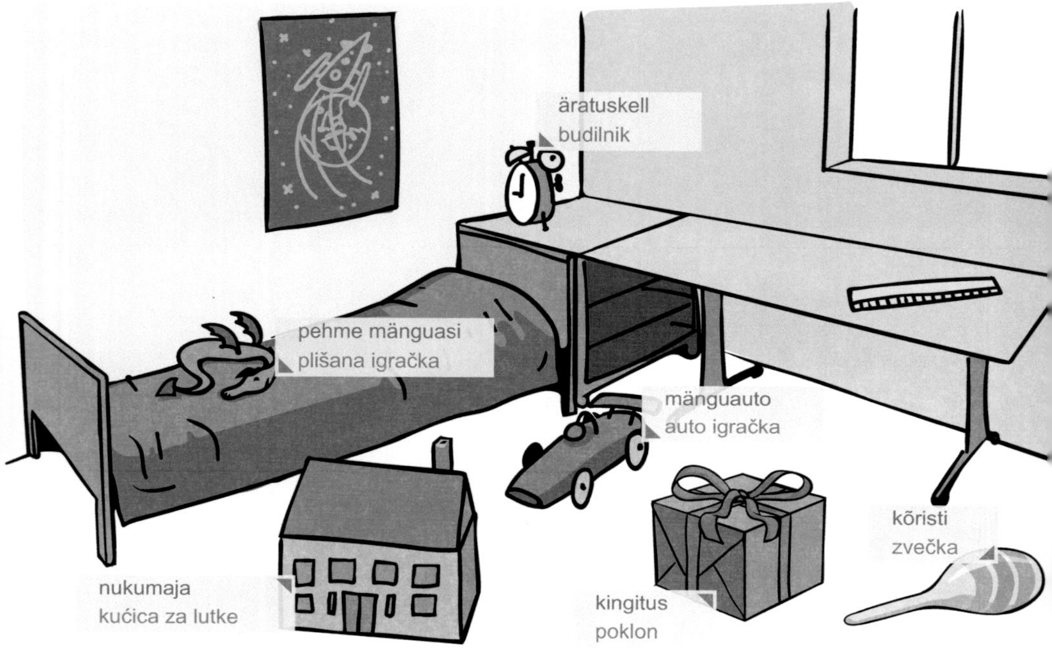

äratuskell
budilnik
pehme mänguasi
plišana igračka
mänguauto
auto igračka
kõristi
zvečka
nukumaja
kućica za lutke
kingitus
poklon

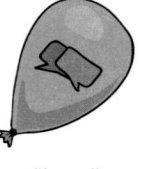

õhupall

balon

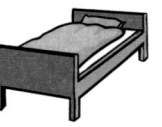

voodi

krevet

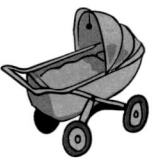

lapsevanker

dječija kolica

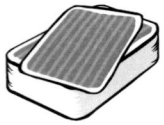

kaardipakk

igra s kartama

pusle

slagalica

SUPER
MEGA

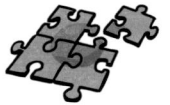

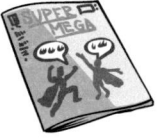

koomiks

strip

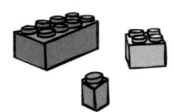

Lego klotsid

lego kockice

klotsid

kockice za slaganje

kujuke

akcioni junak

siputuspüksid

kombinezon za bebe

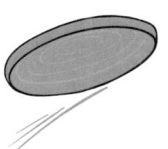

lendav taldrik

frizbi

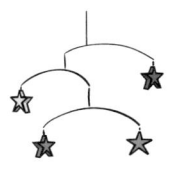

voodikarussell

viseće igračke

lauamäng

društvene igre

täringud

kocka

mudelrong

minijaturna željeznica

lutt

duda

pidu

tulum

pildiraamat

slikovnica

pall

lopta

nukk

lutka

mängima

igrati

liivakast

pješčanik

kiik

ljuljačka

mänguasjad

igračka

mängukonsool

konzola za igre

kolmerattaline jalgratas

tricikl

mängukaru

plišani medo

riidekapp

ormar

riietus
odjeća

sokid

kratke čarape

sukad

čarape

sukkpüksid

hulahopke

sall
šal

vöö
kaiš

vihmavari
kišobran

T-särk
t-shirt

saapad
čizme

sussid
papuče

tossud
patike

sandaalid
sandale

jalatsid
cipele

kummikud
gumene čizme

aluspüksid
gaćice

rinnahoidja
grudnjak

vest
potkošulja

riietus - odjeća

bodi
bodi

püksid
hlače

teksapüksid
džins

seelik
haljina

pluus
bluza

särk
košulja

sviiter
džemper

dressipluus
pulover s kapuljačom

bleiser
blejzer

jakk
jakna

mantel
kaput

vihmamantel
kabanica

kostüüm
kostim

kleit
haljina

pulmakleit
vjenčanica

ülikond

odijelo

öösärk

spavaćica

pidžaama

pidžama

sari

sari

pearätt

rubac

turban

turban

burka

burka

kaftan

kaftan

abayah

abaja

ujumistrikoo

kupaći kostim

ujumispüksid

kupaće gaćice

lühikesed püksid

kratke hlače

dressid

odjeća za trening

põll

pregača

kindad

rukavice

nööp

gumb

prillid

naočale

käevõru

narukvica

kaelakee

ogrlica

sõrmus

prsten

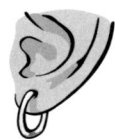

kõrvarõngas

naušnica

nokamüts

kapa

riidepuu

vješalica

kaabu

šešir

lips

kravata

tõmblukk

patent zatvarač

kiiver

kaciga

traksid

naramenice

koolivorm

školska uniforma

vormirõivad

uniforma

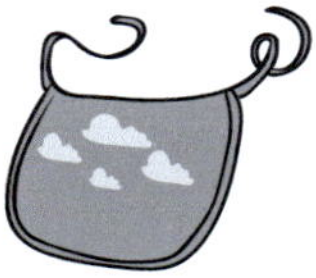

pudipõll

podbradak

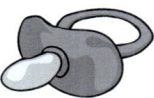

lutt

duda

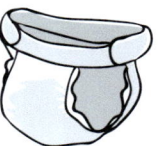

mähe

pelena

kontor

ured

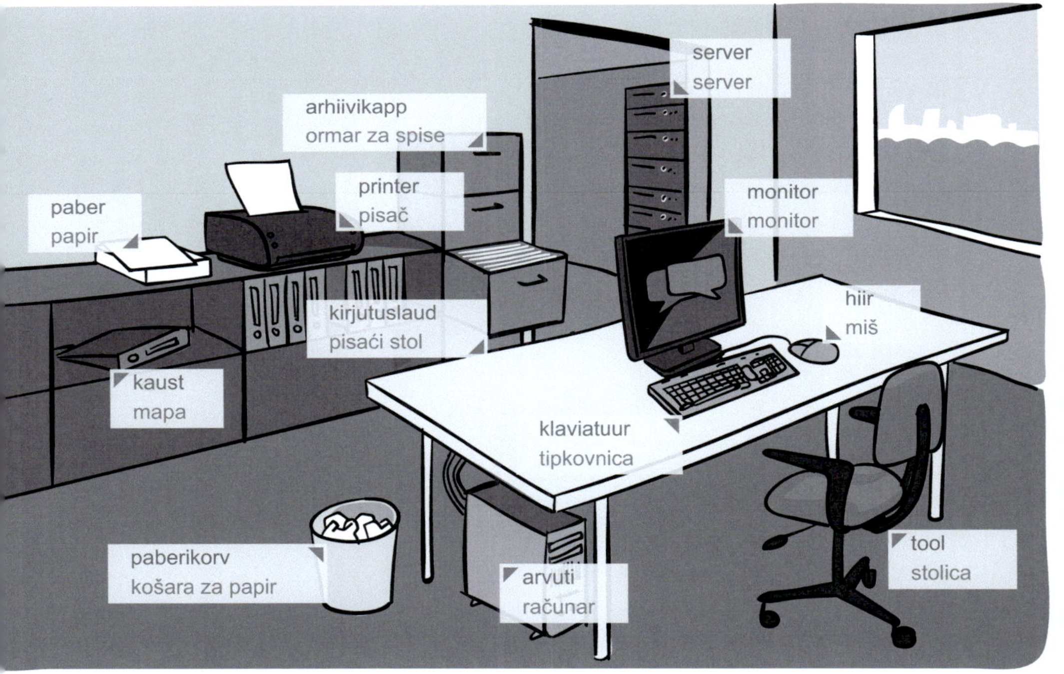

server
server
arhiivikapp
ormar za spise
printer
pisač
paber
papir
monitor
monitor
hiir
miš
kirjutuslaud
pisaći stol
kaust
mapa
klaviatuur
tipkovnica
tool
stolica
paberikorv
košara za papir
arvuti
računar

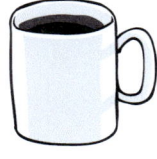

kohvikruus

šalica za kavu

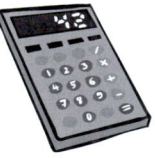

kalkulaator

kalkulator

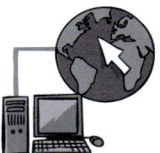

internet

internet

sülearvuti

laptop

kiri

pismo

sõnum

poruka

mobiiltelefon

mobilni telefon

võrk

mreža

koopiamasin

uređaj za kopiranje

tarkvara

softver

telefon

telefon

pistikupesa

utičnica

faksimasin

faks

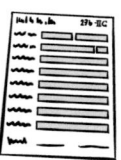

vorm

obrazac

dokument

dokument

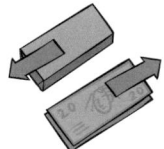

ostma

kupovati

maksma

platiti

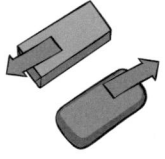

vahetama

trgovati

raha

novac

 **USD**

dollar

dolar

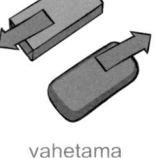 **EUR**

euro

euro

 **JPY**

jeen

jen

 **RUB**

rubla

rubalj

 **CHF**

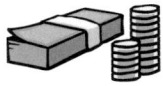

Šveitsi frank

švicarski franak

 **CNY**

renminbi jüaan

renmindbi yuan

 **INR**

ruupia

rupija

sularahaautomaat

automat za novac

valuutavahetuspunkt

mjenjačnica

kuld

zlato

hõbe

srebro

nafta

nafta

energia

energija

hind

cijena

leping

ugovor

maks

porez

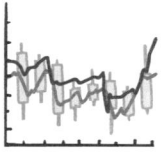

aktsia

dionica

töötama

raditi

töötaja

službenik

tööandja

poslodavac

tehas

tvornica

kauplus

prodavaonica

ametid
zanimanja

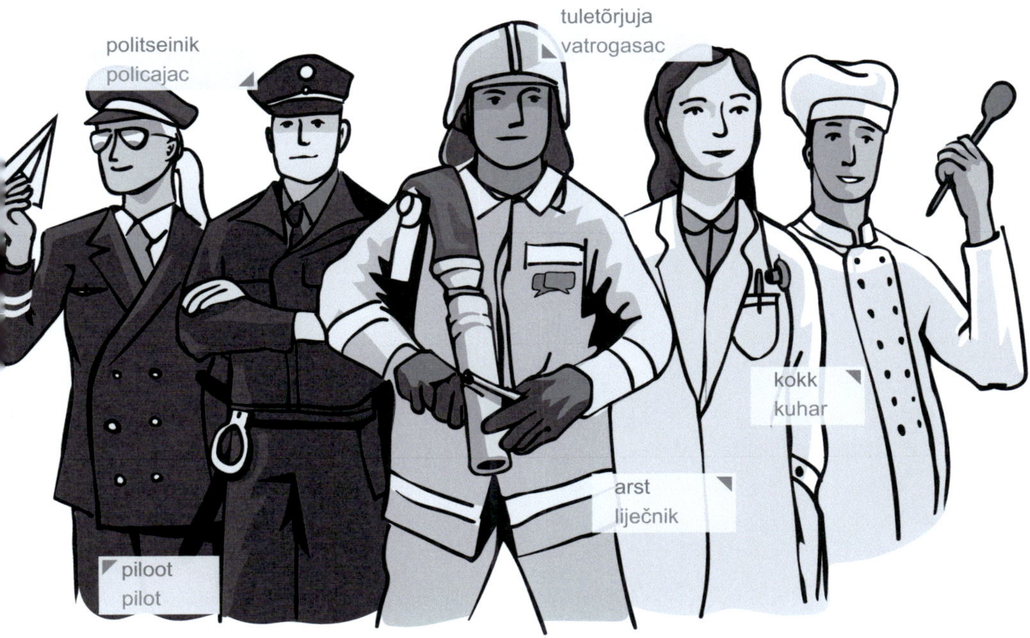

politseinik
policajac
tuletõrjuja
vatrogasac
kokk
kuhar
arst
liječnik
piloot
pilot

aednik
vrtlar

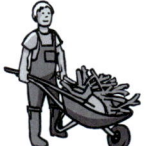

puusepp
stolar

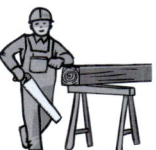

õmbleja
krojačica

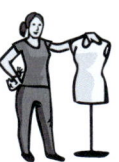

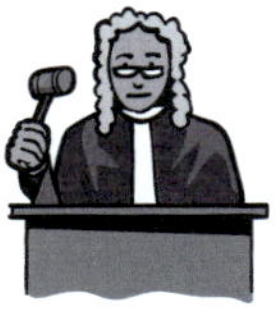

kohtunik
sudija

keemik
kemičar

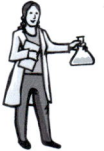

näitleja
glumac

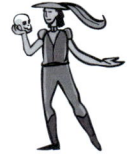

bussijuht

vozač autobusa

taksojuht

vozač taksija

kalamees

ribar

koristaja

čistačica

katusepaigaldaja

krovopokrivač

kelner

konobar

jahimees

lovac

maaler

slikar

pagar

pekar

elektrik

električar

ehitaja

građevinski radnik

insener

inženjer

lihunik

mesar

torumees

limar

postiljon

poštar

sõdur
vojnik

arhitekt
arhitekta

kassapidaja
blagajnik

lillemüüja
cvjećar

juuksur
frizer

piletikontrolör
kondukter

mehaanik
mehaničar

kapten
kapetan

hambaarst
zubar

teadlane
znanstvenik

rabi
rabi

imaam
imam

munk
monah

preester
svećenik

tööriistad
alati

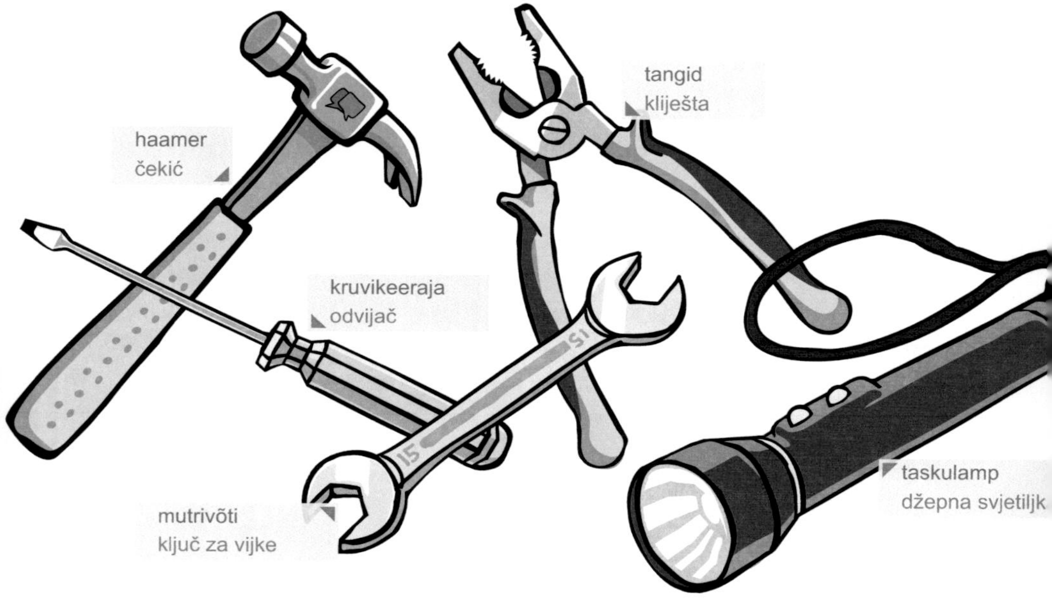
tangid
kliješta
haamer
čekić
kruvikeeraja
odvijač
taskulamp
džepna svjetiljk
mutrivõti
ključ za vijke

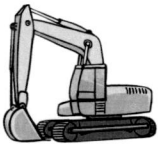

ekskavaator

rovokopač

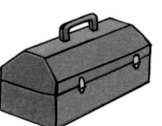

tööriistakast

kutija za alat

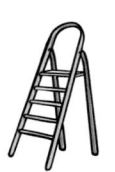

redel

ljestve

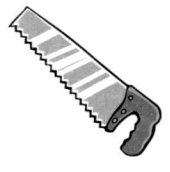

saag

pila

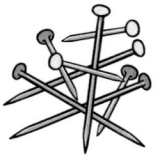

naelad

ekser

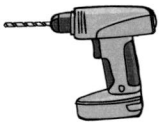

trell

bušilica

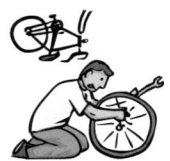

parandama

popraviti

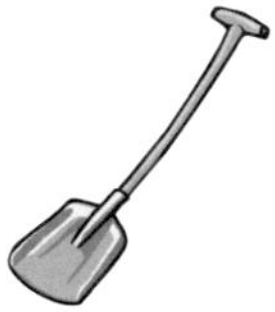

labidas

lopata

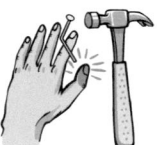

Põrgusse!

Sranje!

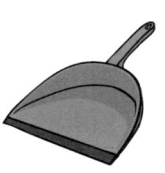

kühvel

lopatica

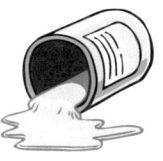

värvipott

lonac za boju

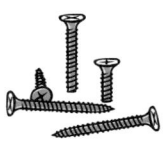

kruvid

vijci

pillid

glazbeni instrument

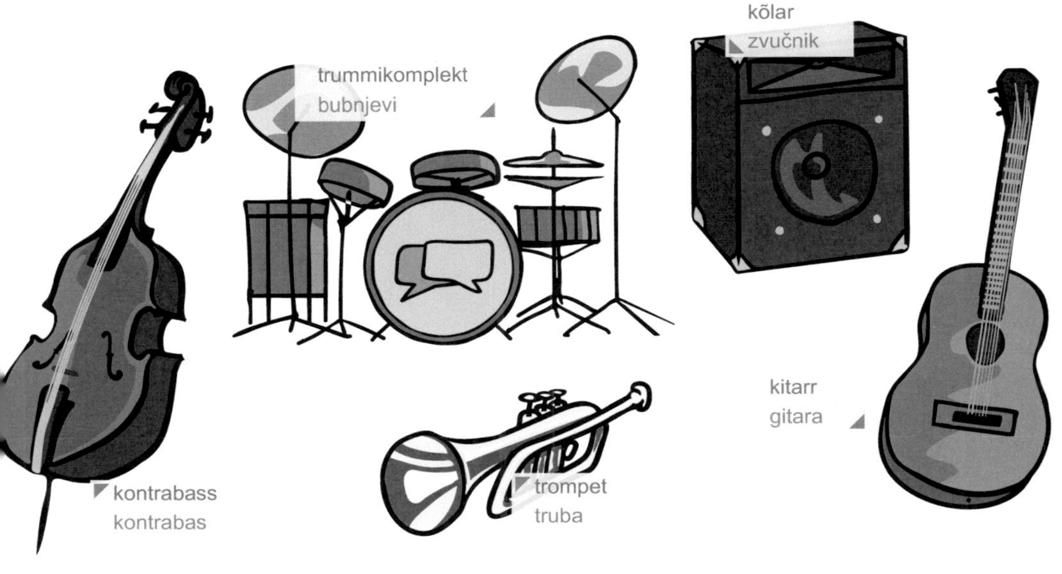
kõlar
zvučnik
trummikomplekt
bubnjevi
kitarr
gitara
kontrabass
kontrabas
trompet
truba

klaver

klavir

viiul

violina

bass

bas

timpan

timpani

trummid

udaraljke za bubnjeve

süntesaator

keyboard

saksofon

saksofon

flööt

flauta

mikrofon

mikrofon

loomaaed
zoološki vrt

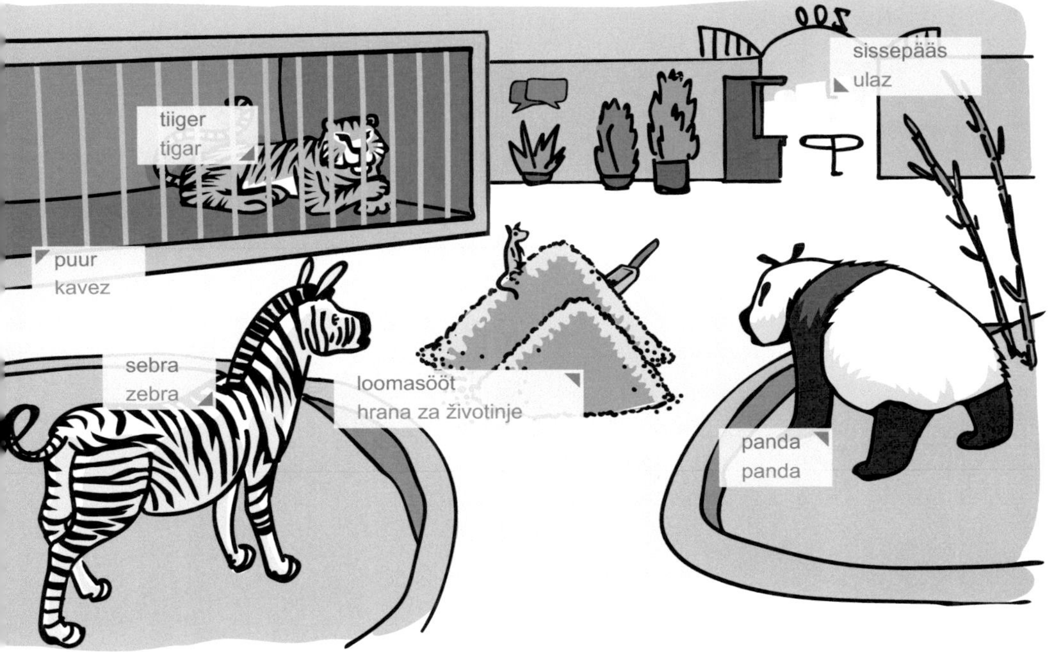

sissepääs
ulaz
tiiger
tigar
puur
kavez
sebra
zebra
loomasööt
hrana za životinje
panda
panda

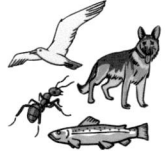

loomad
životinje

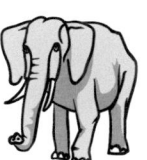

elevant
slon

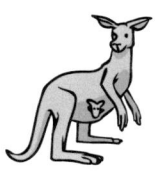

känguru
kengur

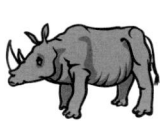

ninasarvik
nosorog

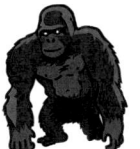

gorilla
gorila

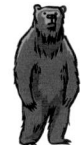

karu
medvjed

kaamel

kamila

jaanalind

noj

lõvi

lav

ahv

majmun

flamingo

flamingo

papagoi

papagaj

jääkaru

polarni medvjed

pingviin

pingvin

hai

ajkula

paabulind

paun

madu

zmija

krokodill

krokodil

loomaaiatalitaja

čuvar u zoološkom vrtu

hüljes

tuljan

jaaguar

jaguar

poni
poni

leopard
leopard

jõehobu
nilski konj

kaelkirjak
žirafa

kotkas
orao

metssiga
divlja svinja

kala
riba

kilpkonn
kornjača

morsk
morž

rebane
lisica

gasell
gazela

Ameerika jalgpall
američki nogomet

jalgrattasõit
biciklizam

tennis
tenis

korvpall
košarka

ujumine
plivanje

poksimine
boks

jäähoki
hockey na ledu

jalgpall
nogomet

sulgpall
badminton

kergejõustik
atletika

käsipall
rukomet

suusatamine
skijanje

polo
polo

hüppama
skočiti

naerma
smijati se

kallistama
zagrliti

laulma
pjevati

jalutama
ići

palvetama
moliti se

suudlema
poljubiti

unistama
sanjati

kirjutama
pisati

joonistama
crtati

näitama
pokazati

lükkama
gurati

andma
dati

võtma
uzeti

omama

imati

tegema

činiti

olema

biti

seisma

stojati

jooksma

trčati

tõmbama

povlačiti

viskama

baciti

kukkuma

padati

lamama

ležati

ootama

čekati

kandma

nositi

istuma

sjediti

riidesse panema

oblačiti

magama

spavati

ärkama

probuditi se

vaatama
gledati

nutma
plakati

paitama
milovati

kammima
češljati

rääkima
govoriti

aru saama
razumjeti

küsima
pitati

kuulama
slušati

jooma
piti

sööma
jesti

korrastama
pospremiti

armastama
voljeti

süüa tegema
kuhati

sõitma
voziti

lendama
letjeti

purjetama

ploviti

arvutama

računati

lugema

čitati

õppima

učiti

töötama

raditi

abielluma

vjenčati se

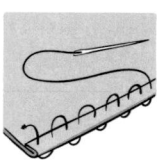

õmblema

šiti

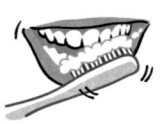

hambaid pesema

prati zube

tapma

ubiti

suitsetama

pušiti

saatma

poslati

vanaema
baka

vanaisa
djed

isa
otac

ema
majka

imik
beba

tütar
kćerka

poeg
sin

külaline

gost

tädi

tetka

onu

ujak, stric

vend

brat

õde

sestra

keha

tijelo

otsmik
čelo
silm
oko
nägu
lice
lõug
brada
rind
grudi
sõrm
prst
käsi
ruka
käsivars
ruka
õlg
rame
jalg
noga

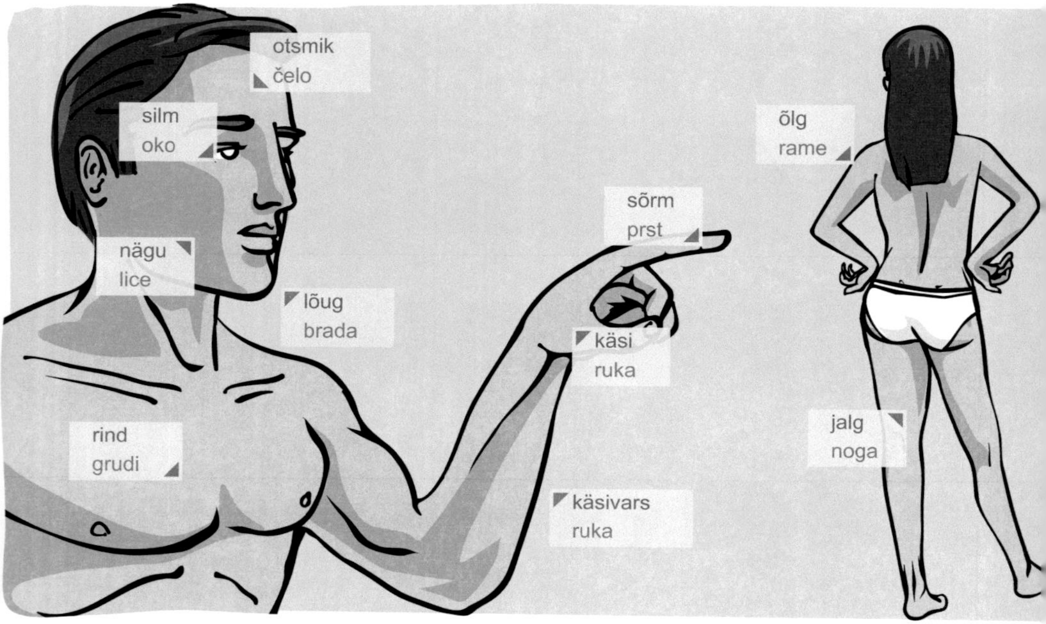

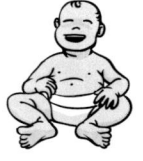

imik

beba

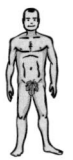

mees

muškarac

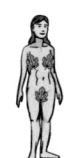

naine

žena

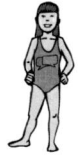

tüdruk

djevojčica

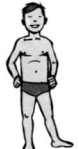

poiss

dječak

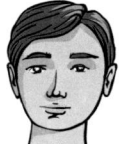

pea

glava

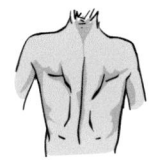	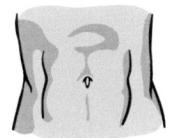	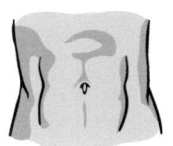
selg	kõht	naba
leđa	trbuh	pupak
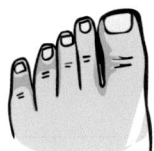	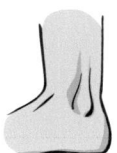	
varvas	kand	luu
nožni prst	peta	kost
	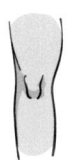	
puus	põlv	küünarnukk
kuk	koljeno	lakat
		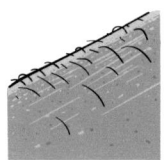
nina	tagumik	nahk
nos	stražnjica	koža
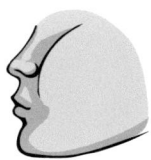	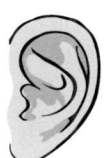	
põsk	kõrv	huuled
obraz	uho	usna

suu

usta

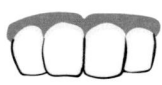

hammas

zub

keel

jezik

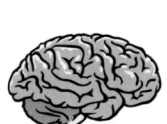

aju

mozak

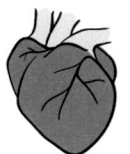

süda

srce

lihas

mišić

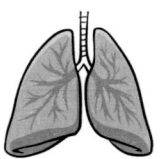

kops

pluća

maks

jetra

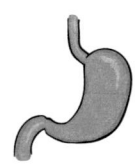

magu

želudac

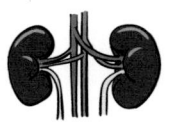

neerud

bubrezi

seksuaalvahekord

snošaj

kondoom

kondom

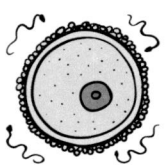

munarakk

jajna stanica

sperma

sperma

rasedus

trudnoća

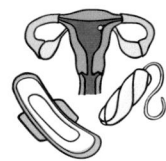

menstruatsioon

menstruacija

vagiina

vagina

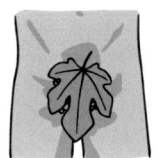

peenis

penis

kulm

obrva

juuksed

kosa

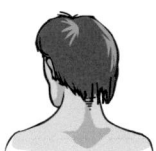

kael

vrat

haigla
bolnica

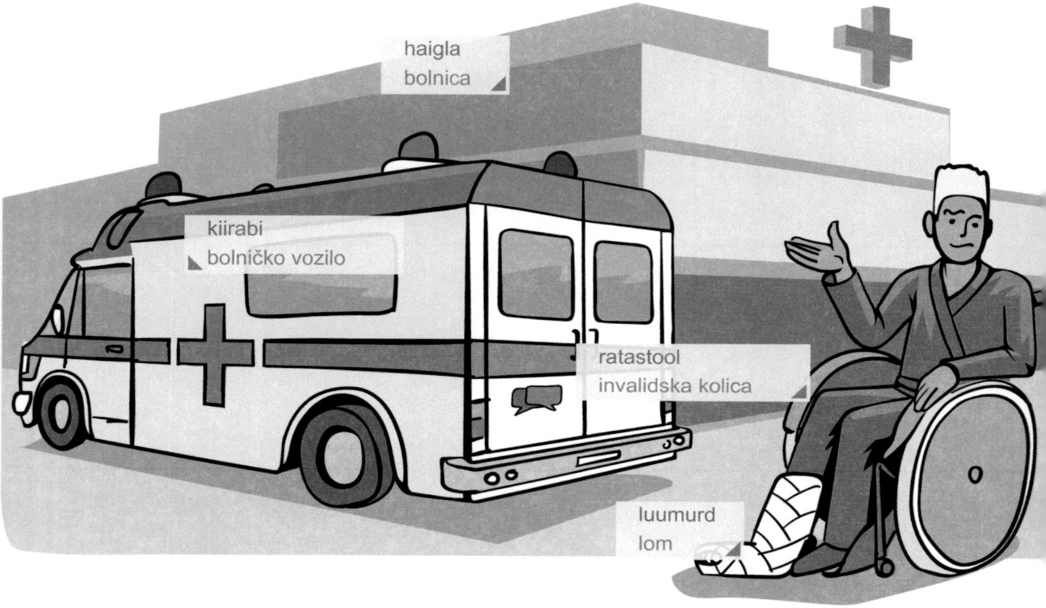

haigla
bolnica
kiirabi
bolničko vozilo
ratastool
invalidska kolica
luumurd
lom

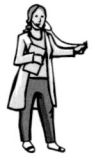

arst

liječnik

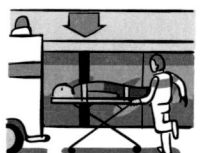

traumapunkt

hitna medicinska služba

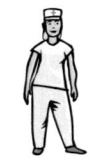

meditsiiniõde

medicinska sestra

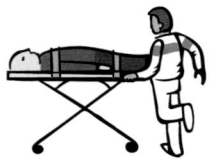

hädaolukord

hitni slučaj

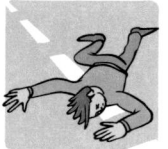

teadvuseta

nesvijest

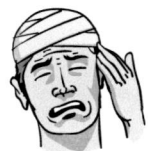

valu

bol

vigastus

ozljeda

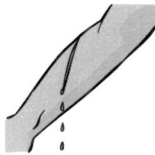

verejooks

krvarenje

südamerabandus

srćani infarkt

insult

moždani udar

allergia

alergija

köha

kašalj

palavik

groznica

gripp

gripa

kõhulahtisus

proljev

peavalu

glavobolja

vähk

rak

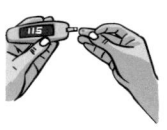

diabeet

dijabetes

kirurg

kirurg

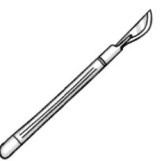

skalpell

skalpel

operatsioon

operacija

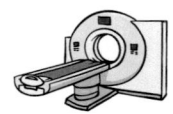

KT
ct

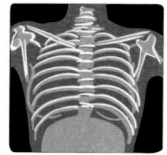

röntgen
rentgen

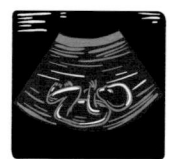

ultraheli
ultrazvuk

mask
maska

haigus
bolest

ooteruum
čekaonica

kark
štaka

kips
flaster

side
zavoj

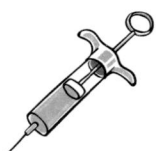

süst
injekcija

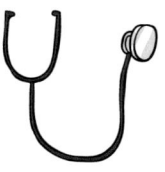

stetoskoop
stetoskop

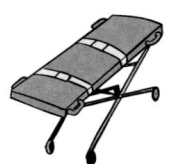

kanderaam
nosilo

kraadiklaas
termometar

sünd
rođenje

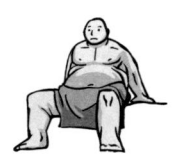

ülekaaluline
prekomjerna težina

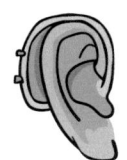

kuuldeaparaat

slušni aparat

desinfektsioonivahend

sredstvo za dezinfekciju

põletik

infekcija

viirus

virus

HIV / AIDS

hiv / sida

meditsiin

medicina

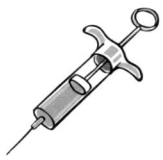

vaktsineerimine

vakcinacija

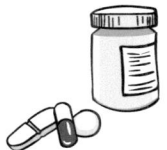

tabletid

tablete

pill

pilula

hädaabikõne

poziv u pomoć

vererõhuaparaat

uređaj za mjerenje tlaka

haige / terve

bolesno / zdravo

Appi!

pomoć!

häire

alarm

kallaletung

nasrtaj

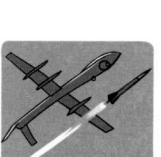

rünnak

napad

oht

opasnost

avariiväljapääs

izlaz za nuždu

Tulekahju!

požar!

tulekustuti

vatrogasni aparat

õnnetus

nezgoda

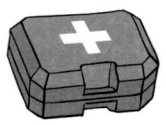

esmaabikomplekt

kofer prve pomoći

SOS

sos

politsei

policija

Euroopa

Europa

Põhja-Ameerika

sjeverna amerika

Lõuna-Ameerika

južna amerika

Aafrika

Afrika

Aasia

Azija

Austraalia

Australija

Atlandi ookean

Atlantik

Vaikne ookean

Pacifik

India ookean

ocean

Lõuna-Jäämeri

antarktički ocean

Põhja-Jäämeri

arktički ocean

põhjapoolus

sjeverni pol

lõunapoolus

južni pol

Antarktika

Antarktik

Maa

zemlja

maismaa

zemlja

meri

more

saar

otok

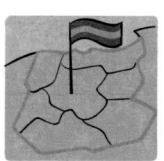

rahvus

nacija

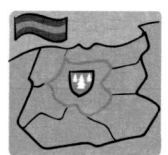

riik

država

sihverplaat

brojčanik sata

tunniosuti

satna kazaljka

minutiosuti

minutna kazaljka

sekundiosuti

sekundna kazaljka

Mis kell on?

Koliko je sati?

päev

dan

aeg

vrijeme

praegu

sada

digitaalne kell

digitalni sat

minut

minuta

tund

sat

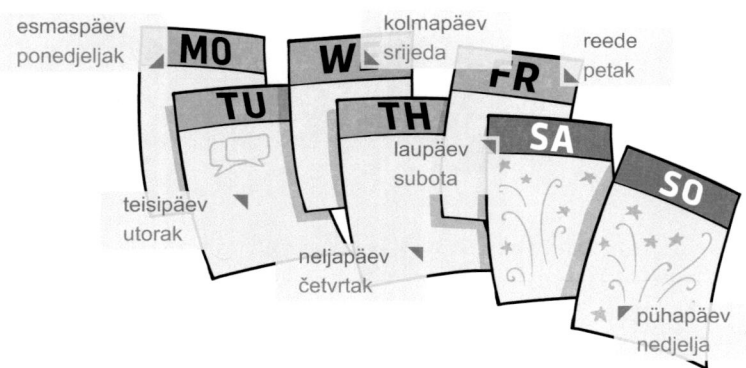

esmaspäev
ponedjeljak

teisipäev
utorak

kolmapäev
srijeda

neljapäev
četvrtak

laupäev
subota

reede
petak

pühapäev
nedjelja

eile
jučer

täna
danas

homme
sutra

hommik
jutro

lõuna
podne

õhtu
večer

MO	TU	WE	TH	FR	SA	SU
1	2	3	4	5	6	7
8	9	10	11	12	13	14
15	16	17	18	19	20	21
22	23	24	25	26	27	28
29	30	31	1	2	3	4

tööpäevad
radni dani

MO	TU	WE	TH	FR	SA	SU
1	2	3	4	5	6	7
8	9	10	11	12	13	14
15	16	17	18	19	20	21
22	23	24	25	26	27	28
29	30	31	1	2	3	4

nädalavahetus
vikend

vihm
kiša

vikerkaar
duga

tuul
vjetar

lumi
snijeg

kevad
proljeće

suvi
ljeto

sügis
jesen

talv
zima

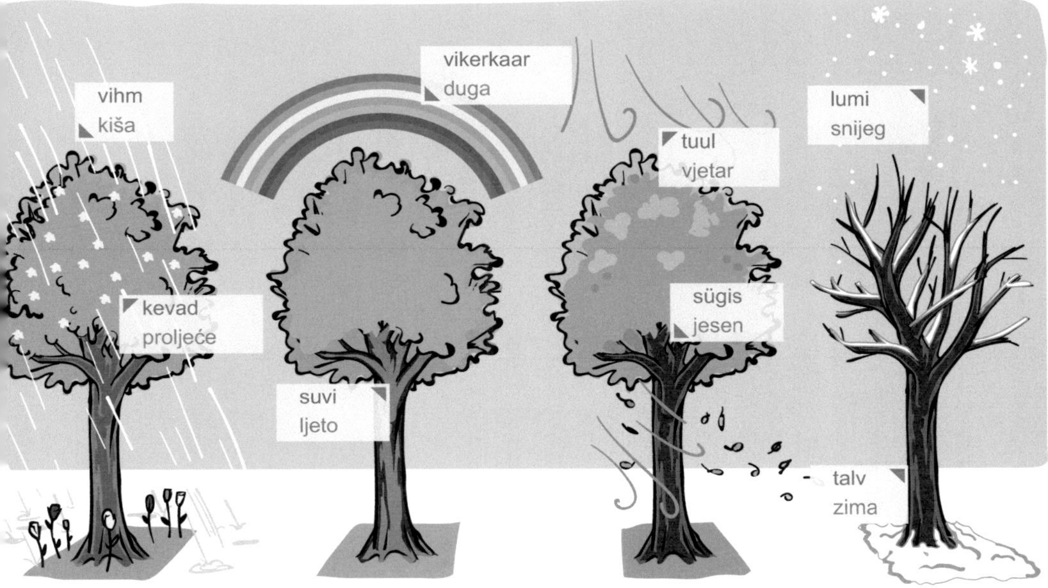

ilmaennustus
....
meteorološka prognoza

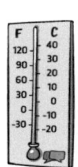

termomeeter
....
termometar

päikesepaiste
....
sunčana svjetlost

pilv
....
oblak

udu
....
magla

niiskus
....
vlažnost zraka

pikne

munja

kõu

grmljavina

torm

oluja

rahe

tuča

mussoon

monsun

üleujutus

poplava

jää

led

jaanuar

siječanj

veebruar

veljača

märts

ožujak

aprill

travanj

mai

svibanj

juuni

lipanj

juuli

srpanj

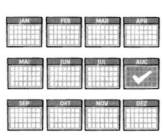

august

kolovoz

aasta - godina

september
....
rujan

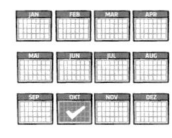

oktoober
....
listopad

november
....
studeni

detsember
....
prosinac

ring
....
krug

ruut
....
kvadrat

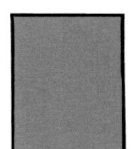

nelinurk
....
pravokutnik

kolmnurk
....
trokut

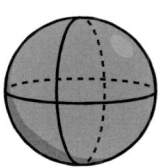

kera
....
kugla

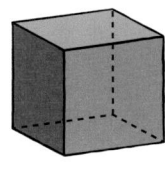

kuup
....
kocka

valge

bijela

kollane

žuta

oranž

narančasta

roosa

ružičasta

punane

crvena

lilla

ljubičasta

sinine

plava

roheline

zelena

pruun

smeđa

hall

siva

must

crna

palju / vähe

mnogo / malo

vihane / rahulik

ljutito / mirno

ilus / inetu

lijepo / ružno

algus / lõpp

početak / kraj

suur / väike

veliko / maleno

hele / tume

svijetlo / tamno

vend / õde

brat / sestra

puhas / must

čisto / prljavo

täielik / puudulik

potpuno / nepotpuno

päev / öö

dan / noć

surnud / elus

mrtvo / živo

lai / kitsas

široko / usko

söödav / mittesöödav

jestivo / nejestivo

kuri / sõbralik

zlo / dobro

põnevil / tüdinud

uzbuđeno / dosadno

paks / peenike

debelo / mršavo

esimene / viimane

na početku / na kraju

sõber / vaenlane

prijatelj / neprijatelj

täis / tühi

puno / prazno

kõva / pehme

tvrdo / mekano

raske / kerge

teško / lagano

nälg / janu

glad / žeđ

haige / terve

bolesno / zdravo

ebaseaduslik / seaduslik

ilegalno / legalno

tark / rumal

pametno / glupo

vasak / parem

lijevo / desno

lähedal / kaugel

blizu / daleko

uus / kasutatud

novo / rabljeno

mitte midagi / midagi

ništa / nešto

vana / noor

staro / mlado

sees / väljas

uključeno / isključeno

lahti / kinni

otvoreno / zatvoreno

vaikne / vali

tiho / glasno

rikas / vaene

bogato / siromašno

õige / vale

točno / pogrešno

kare / sile

hrapavo / glatko

kurb / rõõmus

tužno / sretno

lühike / pikk

kratko / dugo

aeglane / kiire

polako / brzo

märg / kuiv

mokro / suho

soe / jahe

toplo / hladno

sõda / rahu

rat / mir

0

null

nula

1

üks

jedan

2

kaks

dva

3

kolm

tri

4

neli

četiri

5

viis

pet

6

kuus

šest

7

seitse

sedam

8

kaheksa

osam

9

üheksa

devet

10

kümme

deset

11

üksteist

jedanaest

12

kaksteist

dvanaest

13

kolmteist

trinaest

14

neliteist

četrnaest

15

viisteist

petnaest

16

kuusteist

šestnaest

17

seitseteist

sedamnaest

18

kaheksateist

osamnaest

19

üheksateist

devetnaest

20

kakskümmend

dvadeset

100

sada

stotinu

1.000

tuhat

tisuću

1.000.000

miljon

milijun

inglise

engleski

Ameerika inglise

američko engleski

mandariini

kinesko mandarinski

hindi

hindi

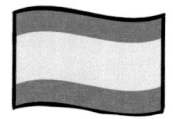

hispaania

španjolski

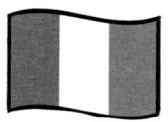

prantsuse

francuski

araabia

arapski

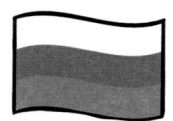

vene

ruski

portugali

portugalski

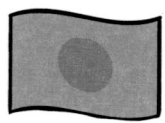

bengali

bengalski

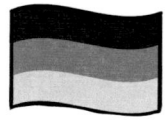

saksa

njemački

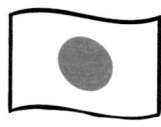

jaapani

japanski

mina
ja

sina
ti

tema
on / ona / ono

meie
mi

teie
vi

nemad
oni

kes?
tko?

mis?
što?

kuidas?
kako?

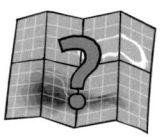

kus?
gdje?

millal?
kada?

nimi
ime

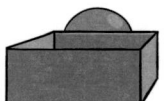

taga

iza

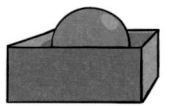

sees

u

ees

ispred

kohal

preko

peal

na

all

ispod

kõrval

pored

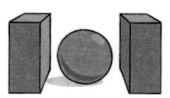

vahel

između

koht

mjesto